AF563614

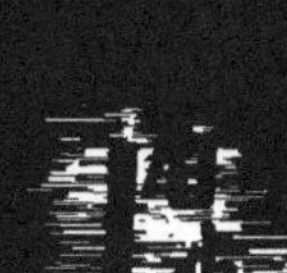

RÉFLEXIONS
SUR
LA MORT DE LOUIS XVI,

PAR LOUIS DESSAIN, de Reims.

Hæret lateri lethalis arundo.

VIRG. Eneid. Liv. IV.

A PARIS,
DE L'IMPRIMERIE DE DEMONVILLE,
ET SE TROUVE
Chez les Marchands de Nouveautés.

1815.

AVERTISSEMENT.

CET écrit alloit paroître, quand un événement imprévu épouvanta la France. Cependant comme ce que je disois alors sera vrai dans tous les temps, je me hasarde à le livrer au public. Je ne me rétracte en rien de ce que j'ai dit de l'armée. Elle s'est laissée entraîner dans une erreur dont elle a été cruellement désabusée. Mais sans parler de la cause qu'elle a voulu défendre, toujours sera-t-il vrai qu'elle mérite l'hommage qu'on ne peut refuser à un courage sans bornes, et à un dévouement héroïque. Or, voilà les vertus du soldat. Je regarde tout ce qui vient de se passer parmi nous comme un violent orage qui a troublé la sérénité d'un beau jour, et je prie mes Lecteurs de se reporter au temps où toute la France rendoit de tardifs honneurs aux mânes de Louis XVI.

RÉFLEXIONS
SUR
LA MORT DE LOUIS XVI.

« Le père de famille en retrouvant son tom-
» beau, veut que ses enfans ensevelissent dans
» ce tombeau, leurs dissensions et leurs ini-
» mitiés (1). » Que ne puissent aussi s'y ensevelir à jamais et nos souvenirs, et notre crime, et notre honte!

Du fond de ma retraite j'ai vu toutes ces pompes funèbres, j'ai suivi le convoi silencieux, qui conduisoit dans les caveaux antiques ces ossemens desséchés, contre lesquels conjurèrent à la fois, l'eau, le feu, la terre et les hommes; j'ai partagé cette religieuse terreur qui remplit toutes les ames, quand on vit s'élever du sein de la terre ces majestueux débris, témoins de tant de désastres, objets de tant d'outrages, écrasés sous le poids de tant de fureurs, et aujourd'hui arrosés de

---

(1) M. de Châteaubriand. *Journal des Débats*, du 19 janvier 1815.

tant de larmes.... Je me suis prosterné devant ces ombres bienfaisantes qui ont apparu un instant parmi nous, comme pour nous pardonner encore, nous consoler de nos misères et sourire à notre bonheur, je leur ai offert mes soupirs et mes regrets;... mais enfin je n'ai pu surmonter un seul instant cette pensée accablante, qu'il n'est point de soupirs ni de torrens de larmes, capables de laver la tache de sang qui demeure empreinte au sein de la France.

Non, ne nous faisons point illusion.... La tache dont nous nous sommes couverts est indélébile, comme la faute irréparable. Ainsi n'espérons point étouffer ce murmure secret de notre conscience, ni éluder les atteintes de ce trait toujours déchirant, et ne cherchons point de compensations dans ces cérémonies expiatoires qui viennent de réhabiliter les mânes de Louis XVI, dans ces demeures sépulcrales, si long-temps désertés et profanées, où l'ombre royale erre seule, cherchant en vain celles de ses aïeux, et s'inquiétant de n'y point trouver celle de son fils...

Quel est le cœur vraiment français dont ces solennités religieuses n'auront point r'ouvert la blessure? Quel est l'homme profondément sensible à l'honneur de son pays, qui ne prévoit qu'après vingt-deux siècles, comme après vingt-deux années, la plaie incurable saignera au cœur de tout bon français? Et quel est celui que cette idée ne tourmente au sein même du bonheur qui nous est rendu, et n'empêche de le goûter dans toute sa plénitude?

Oui, les mânes de Louis XVI nous pardonnent, la fille et les frères de Louis XVI, fidèles exécuteurs de ses volontés dernières, nous pardonnent, le ciel même a pardonné, puisqu'il a terminé nos malheurs. La justice divine et la justice des Rois sont satisfaites; mais aurons-nous pour nous cette indulgence surhumaine? et parce que le sang du juste ne crie point vengeance, nous croirons-nous dignes de notre propre pardon?

Cette indulgence qui règne au cœur d'un bon prince et d'une famille généreuse, nous la devons à une ineffable bonté, ils l'accordent à nos repentirs; mais la nôtre, à quel prix l'achèterions-nous? au prix de l'indifférence, de l'oubli, ou d'un silence coupable, il faudroit ou ne plus nous souvenir de notre faute et de notre honte, ou au moins ne plus les raconter.

J'ose n'être pas de l'avis d'un célèbre écrivain (1), qui voudroit « que la plume se re- » fusât à retracer d'horribles images, dont il

(1) M. Dussault. *Journal des Débats*, 2 décembre 1814.

» faudroit maintenant pour jamais détourner » les yeux. »

Que s'il s'adresse seulement à ceux-là, « qui » seraient assez imprudens pour s'efforcer d'y » ramener les regards contre leur propre in- » térêt, ou, que s'il craint que ces retours » n'aient pour objet de servir d'aliment aux » dispositions haineuses; » sous ces deux points de vue, je suis parfaitement d'accord avec lui, je ne veux ni m'adresser aux coupables, ni parler d'eux; que dire d'eux, et que leur dire? Ce sont eux qu'il faut oublier, ce sont de ces malades désespérés (1) que le médecin condamne, qu'il ne veut plus voir, mais qu'il n'égorge pas!... Enfin, je ne veux que parler du crime, et je ne m'adresse qu'à ceux qui, comme moi, tout-à-fait étrangers au crime, n'en déplorent pas moins l'échec qu'il a porté à notre honneur.

Toutefois je m'applaudis d'avoir reconnu mes propres sentimens et mes vœux pour un accord universel de pensées généreuses et d'intentions pacifiques, dans ceux de deux écrivains célèbres, dont l'un consolant et conciliateur les a revêtus d'une expression si entraînante et si persuasive, et dont l'autre les a analysés et reproduits avec cette inspiration

---

(1) Allusion à un passage du Mémoire de M. Carnot.

qui prête tant de vérité et de force aux paroles, celle de sa propre conviction.

Mais que s'il étoit question de nous interdire absolument l'usage de nos douloureux souvenirs ; si un Français pleurant sur les malheurs de sa patrie, devoit se refuser à en reproduire les horribles images ; s'il ne pouvoit correspondre avec ceux qui pleurent comme lui ; enfin, si après avoir gémi si longtemps dans le secret de son cœur, il lui falloit renoncer à la triste et douce consolation de retracer les grandes infortunes d'une famille, qui ne s'en est souvenue que pour les pardonner ; et s'il devoit se taire dans les jours de calme et de pardon, comme il a fait dans les jours de stupeur et de colère, si, dis-je, c'étoit l'avis de l'écrivain que j'ai cité, je le répète, je ne puis le partager, et je me hasarde à le contredire.

Au sentiment qui me pénètre, et qui j'espère s'emparera de tous ceux qui me liront, j'éprouve que ce n'est point une illusion qui me séduit, mais un instinct impérieux qui me pousse à chercher des ames qui répondent à la mienne, et que tout dans ce besoin est trop vrai, trop naturel, et trop bien fondé pour être reproché.

Le passager qui a traversé une mer semée d'écueils, toujours soulevée par des vents d'orage, qui cent fois a vu le vaisseau prêt à s'entr'ouvrir et à submerger, interdit et muet sous le poids des tempêtes, éprouve un attrait irrésistible, lorsqu'il est dans le port et qu'il revoit un ciel serein, à faire frémir ses compagnons en leur rappelant leurs angoisses, et en leur racontant comment un coup de foudre a brisé le gouvernail, et comment des monstres ont dévoré le pilote.

Quel est le fils malheureux qui a vû massacrer son père, et à qui on conseille de ne point s'attendrir en racontant le meurtre de son père?

Quel est celui qui a reçu protection, secours et tendresse d'un homme généreux et sensible, et qui ne trouve dans le meurtre de son bienfaiteur, la source d'interminables récits? Quel sera donc le Français qui ne cherche à charmer sa douleur en racontant comme on a massacré le père de sa patrie?

Si, comme nous l'ont appris nos lois, nos usages, et aussi comme nous l'inspire un sentiment intime et irrécusable, le crime du fils, ou du frère, ou du neveu d'une nombreuse famille, retombe sur toute sa postérité, et l'attaque à jamais dans son honneur, qu'est donc devenu l'honneur français? et ne pourrons-nous répandre l'amertume de nos regrets sur ce que nous avons perdu d'un héritage de quatorze siècles?

Enfin les honneurs funèbres qui ont consolé les mânes du meilleur des Rois, ne nous invitent-elles pas à raconter encore, et comme si on ne l'eût jamais fait, combien ce Roi fut bon, sensible, innocent et malheureux.

Faudra-t-il étouffer les inspirations qui naîtront de ces cendres augustes? et notre plume devra-t-elle se refuser à retracer les horribles images de ces catastrophes épouvantables, qui font aujourd'hui apparoître à nos yeux, dans un état de désordre et de mutilation, les restes de ces dépouilles qui renfermèrent des ames royales? et détournerons-nous nos regards de ces sanglans tableaux, comme s'ils n'étoient pas exposés aux regards de l'univers entier?

Non, point de fausse honte.... Hélas! les preuves de nos crimes et de notre aveuglement demeureront éternellement, gardons-nous de les effacer de notre mémoire, et que nos récits et nos regrets transmettent à l'avenir ces effrayantes traditions.

O vous qui naîtrez Français, et sous les heureux auspices qui nous environnent, c'est à vous que je m'adresse! Lorsque de déplorables récits vous apprendront qu'un jour, qui fut un de nos jours, a lui sur la France, où un homme qui étoit bon, vertueux, innocent et juste, fut enfermé dans les murs d'une prison; qu'il en sortit pour monter sur un échafaud, et que son sang rougit le fer destiné aux criminels.... Lorsqu'on vous dira qu'une femme, une mère de famille, une veuve innocente, fut traînée au même échafaud, accablée de tous les outrages, de toutes les rigueurs imaginables; lorsqu'on vous dira qu'une vierge innocente, timide, pure comme les anges, a subi le même sort; qu'une autre, modele de candeur, a échappé comme par miracle, en fuyant la terre natale; enfin lorsqu'on vous racontera qu'un enfant de huit ans, innocent comme son âge, beau comme l'Espérance, succombant sous le poids des barbaries, victime de bourreaux acharnés à sa frêle existence, a péri, votre ame navrée de douleur à de tels récits, restera long-temps oppressée sous le poids de ce pesant fardeau; mais si l'on ajoute que cet homme, cette femme, cet enfant, ces vierges pures, composoient une famille; qu'ils étoient renfermés dans la même prison; que l'un étoit un époux, un père, un frère adoré, les autres une mère chérie, une sœur l'exemple de son sexe, une fille l'idole de sa famille, et ce malheureux enfant, l'espoir de cette famille infortunée; votre cœur se brisera de douleur, et vos larmes couleront en abondance sur cette malheureuse destinée!...

Quel sera donc l'état de votre ame? et que

direz-vous quand vous apprendrez que cet homme qui fut bon, vertueux, innocent et juste, fut un Roi? Que deviendrez-vous quand on ajoutera que ce Roi fut le Roi de vos pères, le Roi de France, un des plus grands Rois de la terre;.... que cette femme infortunée fut la plus belle d'entre les Reines; qu'elle étoit du sang des Césars; qu'elle avoit quitté le palais d'un empereur qui étoit son père, pour venir habiter le palais d'un Roi dont elle devint l'épouse; qu'elle fut accueillie en France comme un modèle de graces, de candeur et de beauté; que les jeux, les ris et les amours formèrent son cortège jusque sur le trône; qu'en elle reposoient toutes les espérances de ce trône, espérances qu'elle réalisa par les doux fruits de son hymen. — Que deviendrez-vous quand on vous retracera ses malheurs, ses outrages, sa captivité, les horreurs de sa prison, et celles de sa mort;.... et si l'on ajoute à ces récits, ceux de son abandon absolu dans les derniers momens, et ce qu'elle souffrit depuis la prison jusqu'à l'échafaud, et ces clameurs populaires qui furent son chant de mort, et ces accusations infernales qui bouleversèrent les entrailles de toutes les mères, et arrêtèrent leurs larmes!... Et cette belle tête dépouillée, et ces belles mains liées et meurtries, ces mains qu'on avoit vues chargées des joyaux d'une couronne!... Ah! ces hideux tableaux vous feront frissonner, vous croirez être poursuivis par un songe affreux, non, ce n'est point un songe, et tout ce qu'on vous racontera n'est que la foible peinture de la plus effroyable réalité. — Mais écoutez encore, vos épreuves ne sont pas terminées!.... Cette vierge qui fut proscrite comme ces deux illustres victimes, elle étoit illustre comme elles, elle étoit la sœur de ce Roi malheureux, elle étoit la fille des Rois, elle devoit être l'épouse d'un Roi, elle habitoit des palais, elle fréquentoit les asiles des Rois pour les embellir, mais plus souvent encore ceux du malheur et de l'indigence, pour y porter des consolations et des secours... Vos soupirs vous oppressent, mais si ce n'est assez de toutes ces émotions, si votre ame est avide de ces douloureuses narrations, écoutez encore ceux qui ont vu périr ce malheureux enfant; ils vous raconteront tous les détails de sa mort; ils vous diront qu'il étoit aussi le fils des Rois, le rejeton de Louis IX et d'Henri IV, l'héritier de leur trône; ils vous diront que ses traits portoient l'empreinte de sa noble origine; ils vous parleront de ce qui brilloit en lui, et de ce qui plaît tant à cet âge, de cette candeur, de cette naïveté de l'enfance, de cette figure angélique, de ces beaux cheveux blonds, et de toutes ces grâces qui durent être rehaussées de l'éclat d'une couronne, et qui devinrent si inhumainement la proie d'un cercueil.

Cependant, ô prodige! les bourreaux s'arrêtèrent... la fille d'un Roi leur échappa... le ciel cessa d'être inexorable pour elle et pour nous, elle est aujourd'hui notre ange tutélaire, elle règne sur tous les cœurs avec celui que, dans l'enivrement d'un retour si tardif et dans une illusion expiatoire, les Français ont nommé son père.

Hé bien, en est ce assez?... Je vous vois dans la stupeur, vous êtes comme anéantis; toutes ces images de palais, de cachots, de rois, de princesses, de victimes, de couronnes et de glaives sanglans, se confondent dans vos esprits troublés, et vous demandez que des pleurs viennent vous soulager. Ah! si vous concevez bien ce qu'étoient autrefois les rois de France, et ce qu'ils sont redevenus pour nous, je conçois aussi cette espèce d'anéantissement de votre être, ce trouble de vos sens, ces soupirs qui vous oppressent, et ces larmes qui inondent votre visage.... Mais ceux qui vous auront causé ces cruelles agitations sauront les calmer, ils s'empresseront de vous consoler. Hé, direz-vous, quels seront les refuges de notre imagination troublée? où sont les retraites où nous pourrons recueillir nos idées, et revenir à nous-mêmes?... Ces retraites, ces refuges, vous les trouverez dans l'éloge de ceux que vous pleurez. Les cœurs vraiment français n'ont point trouvé de plus sûrs abris contre leur douleur que les vertus mêmes des victimes.

Alors on versera un baume salutaire dans vos ames déchirées, on vous apprendra comment ces nobles victimes aimèrent, souffrirent et moururent. Que de vertus brilleront à vos yeux! quelle bonté sur le trône! quelle résignation dans les fers! quelle patience dans les supplices! quelle générosité pour des sujets ingrats et barbares! Alors tous ces mots touchans recueillis dans les monumens éternels de leur gloire et de notre honte, viendront charmer vos oreilles fatiguées, et changer en douces larmes vos larmes amères; vous les recueillerez comme nous dans votre mémoire, vous les apprendrez comme nous à vos enfans, et ainsi passeront d'âge en âge ces paroles d'amour et de bonté paternelle, paroles du cœur, comme celles du bon Roi, mais que la voix éclatante et mensongère des philosophes étouffoit et déroboit aux oreilles d'un peuple égaré qu'ils se flattoient de rendre sage, et qu'ils couvroient d'un déshonneur ineffaçable.

Voilà, n'en doutons pas, comme nous devons nous-mêmes nous livrer sans réserve à ces douloureuses narrations, et aux aveux du plus odieux des attentats. Crime affreux! unique dans toutes les horreurs qui l'ont précédé, accompagné et suivi, et presque unique dans son espèce, puisque sur toute la terre il n'est qu'un seul peuple qui n'ait pas le droit de nous en faire rougir!

Ce sera une source féconde et inépuisable de réflexions pour la postérité, que ce concours des deux peuples les plus recommandables de la terre par leur civilisation, leurs lumières, leurs arts, leurs sciences, dédiant à l'envi leurs leçons et leurs exemples en héritage aux siècles à venir, et se souillant tout à la fois du même crime, avec cette funeste différence que celui qui a imité l'autre, a ajouté au forfait les détails les plus odieux, et les horreurs les plus avilissantes dont le récit ait jamais souillé les pages de l'histoire.

Car l'histoire ne racontera pas seulement que les Français ont massacré leur Roi, tous les détails du crime paroîtront au grand jour; elle dira comme il fut outragé, comme il fut abreuvé de chagrins, comme on lui fit boire le calice d'amertume; elle dira comme il fut dénué, isolé, abandonné, arraché des bras de sa famille et de ceux de son fils; elle dira comme on fut avare de tout ce qui pouvoit le consoler dans son infortune profonde ; elle dira comme on voulut l'avilir, comme il fut jugé, condamné, mais je ne parle pas de ses juges. Elle racontera comme il fut conduit au supplice, quel fut l'autel ignoble du sacrifice, et quel fut le fer qui fit tomber sa tête ; elle racontera comme son sang fut mêlé à la poussière de la place publique, et devint le jouet des vents ; comme ses dépouilles furent emportées honteusement, et jetées sans honneur dans une fosse profonde ; comme elles furent dévorées par une eau consumante, non pour en recueillir et honorer les cendres, mais pour les enfouir et les perdre dans le sein de la terre ; elle répétera dans l'avenir cette salve d'artillerie qui annonça le coup fatal comme un triomphe, et le fit retentir jusques au cœur de l'épouse, de la sœur, de la fille, et du fils de la victime. L'histoire dira encore que cette épouse, que cette sœur, que cet enfant ont péri plus ignominieusement, plus cruellement encore ; enfin elle racontera ce que jamais elle n'eut, ce qu'elle n'aura jamais à raconter d'aucun peuple, et l'histoire impassible le racontera avec épouvante, elle ne cessera de redire que toutes ces horreurs furent l'ouvrage du peuple le plus poli, le plus éclairé de l'univers, elle n'usera envers nous d'aucune réticence; jusques dans ses abrégés les plus courts, jusques dans ses expressions les plus concises, dans ses plus simples nomenclatures, on verra la preuve de notre honte. Que lisions-nous dans tous les livres qui parloient de la France? Contrée superbe, habitée par un peuple franc, généreux, loyal, plein d'honneur, passionné pour la gloire, dévoué à son Roi.... Pendant vingt-cinq ans il fallut effacer ce dernier titre, et le remplacer par celui de régicide, qui ne s'effacera pas!... Aujourd'hui c'est encore ce peuple franc, loyal, généreux, passionné pour la gloire, couronné de lauriers, et dévoué à son Roi; mais la sévère et véridique histoire effacera-t-elle ce mot de *régicide?*... L'histoire, l'histoire! voilà notre juge incorruptible, éternel, inexorable.... Français, songez-vous bien à ce que sera votre mémoire dans les temps qui s'avancent?

Et cependant un seul instant pouvoit sauver notre gloire!... Arrêtons-nous encore un moment sur cette funeste catastrophe, et rappelons comment le crime a parcouru tous ses degrés; tous.... jusques au dernier, sans résistance, sans opposition, sans excuse, je ne dis pas pour ceux qui l'ont commis, mais pour ceux qui l'ont laissé commettre. Que le Roi ait été enfermé dans une prison, cela est horrible; mais enfin le Roi, fort de son innocence, s'étoit lui-même livré à ses bourreaux ; il avoit décontenancé ses défenseurs : d'ailleurs on pouvoit vivre dans une attente favorable, on savoit que le Roi se montreroit pur de toutes les accusations lancées contre lui, et on espéroit qu'il sortiroit triomphant de ses épreuves. Plus ces épreuves devoient être pénibles, plus la honte eût été grande pour les persécuteurs.... Il falloit donc attendre !... Que le Roi ait comparu devant un tribunal de forcenés, tout à la fois accusateurs et juges, c'étoit une conséquence de sa détention. Il y avoit des motifs de prudence pour tolérer cet attentat ; le repaire étoit hérissé de baïonnettes et de piques au-dehors, au dedans ce n'étoient que poignards. L'accusé pouvoit être immolé, et les juges n'étoient point assez déshonorés. Il falloit donc encore attendre !... Que les différentes translations du Roi de sa prison au tribunal, du tribunal à sa prison, se soient opérées tranquillement, sans rumeur, et avec une sorte d'indifférence, les défenseurs du Roi devoient sans doute espérer quelque moment favorable... Il falloit encore attendre !... Qu'au moment où la sentence de mort fut prononcée, tout soit resté calme, cela pouvoit encore être excusable, parce que les précautions étoient extrêmes, tous les Argus veilloient, les tentatives eussent été à coup sûr inutiles, il falloit percer des murs énormes, franchir des portes de fer. Le Roi auroit péri obscurément dans sa prison, tout étoit prévu, on eût répandu des doutes sur le moment et sur le genre de sa mort, toute sa famille eût été enveloppée dans ce massacre précipité; le sang froid et le calme étoient donc de la politique en ce moment, expliquons les favorablement, et passons outre. Qu'on ait laissé monter le Roi dans la voiture funèbre, qu'on ait laissé placer les deux muets entre lui et l'homme à jamais vénérable, qui soutenoit sa vertu dans ce moment fatal!... qu'il ait parcouru dans le morne silence du peuple et des soldats, le long chemin de la prison à l'échafaud, le signal de l'explosion devoit encore être suspendu, il y avoit des motifs plausibles de retard, le coup pouvoit être tout à la fois sans succès et sans honneur, et on devoit craindre le reproche d'avoir mal choisi le moment... Allons donc jusqu'à l'échafaud... laissons-y monter le Roi, puisque le calme de son attitude, la sérénité de ses traits et son regard céleste, devoient être un triomphe de plus pour sa grande ame!... Mais à ce moment terrible, à ce moment qui fixe à jamais le renom du peuple français, à ce moment qui nous imprime dans l'histoire un trait ineffaçable, à ce moment, dis-je, tout reste dans le silence!... Sur une place immense, inondée d'un peuple innombrable, pas un cri, pas un murmure!... La place étoit couverte de milliers de soldats, qui n'attendoient peut-être qu'un signal pour devenir libérateurs, car le soldat a horreur du sang qui coule sans honneur sur un échafaud..... et tout reste muet!... Le Roi demeure seul... on le dépouille, il veut parler... on assourdit toutes les oreilles!... il profère le pardon, le pardon est repoussé. Ses mains royales sont garrottées, ses cheveux disparoissent, on le saisit, on le lie... le fer tombe!........ Honneur français, enthousiasme chevaleresque, dévouemens héroïques, mépris de la mort, vertus nationales, vertus de nos aïeux! vous ne pûtes vous réveiller à la vue du Roi de France, prêt à rougir de son sang la hache d'un bourreau!......

Mais, dit-on, le Roi n'eût point été sauvé déplorable calcul!... qu'en sait-on d'ailleurs falloit-il calculer les hasards d'une audace qui pouvoit être heureuse?... Mais enfin le Roi n'eût point été sauvé.... Mais l'honneur!.. Hé plût à Dieu, comme l'a dit un écrivain célèbre, plût à Dieu que le Roi eût péri dans une émeute populaire.... Tout l'univers eût retenti de ces paroles : « Le sénat l'a condamné, mais le peuple a voulu le sauver.

Ce moment d'exaltation, vraiment française, eût rattaché le jour où l'on arrachoit de nos bras le meilleur des Rois, avec celui où nous nous sommes retrouvés dans les bras de ses frères... Enfin le sang du Roi coula publiquement, dans le silence; il en fut de même de celui de la Reine, de madame Elizabeth. Quant au Dauphin, on craignit sans doute le pouvoir d'un enfant orphelin, abandonné, sans appui, aux prises avec le bourreau qui avoit égorgé son père, on le fit périr à huis clos; la princesse survécut.... mais encore ne fut-ce point par un excès de barbarie qu'on lui laissa la vie;... elle s'enfuit d'une terre qui la dévoroit, et nous jouîmes sans reproche de nos sanglans triomphes. Ainsi tout fut consommé, tout fut anéanti, et notre honneur comme tout le reste!...

Et qu'on ne dise pas que, dévoués plus que jamais à notre Roi, nous avons tout réparé; que nos regrets et nos malheurs nous ont purifiés; que le pardon d'un prince plein de générosité nous a régénérés, et qu'enfin à force de gloire, de hauts faits et de lauriers, nous avons racheté notre honneur. Il n'y a point de compensation ni de rachat pour l'honneur. Le monarque peut nous tendre les bras et nous ouvrir son cœur, comme un bon père fait à un fils rebelle et repentant ; mais le retour d'un honneur sans tache ne dépend pas de lui, et Louis XVI lui-même, s'il revenoit parmi nous, ne pourroit nous le rendre.

L'honneur français étoit comme un beau fruit, richesse et parure de l'arbre qui le portoit, et que des insectes ont piqué.

Cependant ces regrets seroient injustes s'ils étoient sans exception, et il est au milieu de nous une classe privilégée, à laquelle sa part d'honneur est restée sans flétrissure. Tous les corps de l'état ont été plus ou moins dégradés, tous ont compté des bourreaux et des victimes. La noblesse a eu ses transfuges, le clergé ses apostats, la classe intermédiaire ses philosophes et ses frondeurs, la masse du peuple ses assassins; où donc trouverons-nous l'honneur français sans dégradation? sous quels abris s'étoit-il réfugié? sous les drapeaux, dans les camps et sous les tentes, le corps de l'état le plus intact dans son honneur, c'est l'armée, couverte de lauriers au-dehors, elle étoit vierge de tout le sang qu'on versoit au dedans. Je me représente la France comme un vaste enclos, couvert d'échafauds, théâtre de carnages, scène toujours ouverte aux larmes, aux terreurs, aux meurtres, au désespoir, et l'armée hors de cette vallée de désolation et de mort, avec ordre d'être pour elle un rempart impénétrable, on n'avoit garde de laisser pénétrer dans ce foyer d'horreurs ces braves, armés pour la défense de leur pays, protecteurs nés de la foiblesse et de l'innocence, et de verser à leurs yeux le sang des vieillards, des enfans et des femmes.

Qu'on se rappelle quel fut le sentiment de l'armée lors du meurtre de Louis XVI, ce fut celui de l'horreur : c'est là que se firent entendre les murmures et les soulèvemens de l'honneur; on eut soin de rejeter l'appel au peuple, mais qu'on se garda bien de proposer l'appel aux armées !

Cependant, poursuivant sa destinée qui étoit d'obéir et de vaincre, le soldat français frémissoit de rage sous sa tente, et cumuloit ses triomphes dans les champs de bataille.

C'est ainsi que plus tard, et tandis que l'armée française alloit chercher la gloire et perdre son sang dans les plaines de l'Allemagne, le sang des Condés, pendant le silence du sommeil, dans l'ombre de la nuit, et à la lueur d'une torche funéraire, abreuvoit la terre du fossé de Vincennes.

C'est donc au sein de l'armée que se retrouva le type de l'honneur; c'est elle qui en a gardé le plus fidèlement le dépôt sacré, aussi estce à elle qu'à son fortuné retour, le Roi en a rendu grâces avec l'effusion d'un cœur profondément sensible, et avec ce sourire approbateur qui n'appartient qu'à lui, ce sourire qui paye tant de services, et donne tant d'espérances à ceux qui ont le bonheur de le recevoir.

Touchant témoignage d'une satisfaction intime, et par lequel le Roi sembloit remercier son armée, de lui avoir si bien conservé l'héritage de ses pères.

C'est ainsi que le Roi et tout l'univers ont reconnu qu'il falloit que le guerrier français fût essentiellement pénétré du sentiment de l'honneur, puisqu'il avoit cueilli tant de lauriers sous la conduite d'un aventurier. On dit que ce capitaine si fameux conduisoit toujours ses soldats à la victoire.... mais à quel prix!.... et n'est-il pas plus juste de dire que c'étoient ses soldats qui le rendoient toujours victorieux? qui sait ce qu'il eût fait avec d'autres armées? Le chef spéculoit sur la valeur du soldat, l'un et l'autre étoient aveuglés, l'un par son ambition, l'autre par l'amour de la gloire; aussi le chef, enflé d'orgueil de trouver de tels compagnons, abusa de leur enthousiasme, il profita de leur ardeur, et ce fut pour les sacrifier, et perdre sans regret et sans mesure, un sang précieux qui ne couloit pas dans ses veines. L'histoire dira qu'il fut le guide d'armées superbes et victorieuses, dira-t-elle qu'il en fut le père? elle sera plus juste, elle dira qu'il en fut le bourreau.

Mais si tant de guerriers se couvrirent de gloire sous un chef étranger, sans frein, sans pitié, sans mission et sans aïeux, que ne feront-ils pas sous les princes qu'ils voient maintenant à leur tête, sous les descendans de tant de héros, sous les héritiers de ce François Ier, qui se consoloit avec ses guerriers d'avoir tout perdu, *fors l'honneur;* de ce Henri IV si bon, si populaire avec ses soldats, et qui pleuroit leur mort comme celle de ses amis; de ces Condés, dont le nom signifie courage, valeur et victoire, et qui alloient verser des larmes sur les champs de bataille; de ce Louis XIV qui donnoit à ses armées des Turennes et des Villars, pour les faire vaincre et les épargner; de ce Louis XIV qui se montra reconnoissant envers ceux qui avoient tant de fois versé leur sang pour lui, en dédiant un asile magnifique à leurs vieux ans et à leurs cicatrices. Pensée digne d'un grand prince, idée paternelle, que celle de soustraire à l'indigence, à l'abandon et à l'isolement, le soldat invalide chez un peuple guerrier.

Voilà les sources de gloire qui rejaillissent aujourd'hui parmi nous; ainsi dans tous les temps comme aujourd'hui, c'est dans l'ame des guerriers qu'il fallut les retrouver.

Cependant, de toutes parts, des germes d'honneur ont reparu sur le sol de la patrie.

Les cendres de Louis XVI reposent sous les voûtes de l'église royale, et le sceptre est aux mains de Louis XVIII. Ces deux princes règnent sur nous comme de concert, l'un du sein de la gloire, l'autre du haut du trône de Saint-Louis. Louis XVI nous présente son testament, et semble nous dire : Voilà ma loi, je suis mort innocent, et j'ai pardonné ; le ciel m'exauce, mon dernier vœu s'accomplit, et ma prophétie s'achève ; mon sang a cimenté votre bonheur (1), et raffermi le trône de mes descendans ; il est inébranlable. Louis XVIII, avec son doux regard et son accent paternel, ne cesse de nous dire : Qu'il me tardoit de me retrouver au sein de mes enfans ! de leur apporter le fruit de mon exil ; le pacte mutuel qui règle nos destinées, et que je méditois pour leur bonheur. Venez donc tous auprès de moi, pressez-vous autour du trône de mes pères, consolons-nous ensemble de nos malheurs, et conjurons les tempêtes sous l'olivier de la paix, sous la bannière des lis, et sous l'abri du tombeau de Louis XVI.

---

(1) Au moment de mourir, le roi commença ces paroles : « Je desire que mon sang cimente le bonheur..... » La parole lui fut ravie, il alla déposer le reste de son vœu dans le sein de la Divinité.

www.ingramcontent.com/pod-product-compliance
Lightning Source LLC
LaVergne TN
LVHW020311230826
846091LV00006B/2629